Les Euphorismes
de Grégoire

www.maxmilo.com
ISBN : 978-2-914388-98-6

G. Lacroix

Les Euphorismes
de Grégoire

Préface de Pierre Perret

Max Milo

Préface

Dans Euphorisme n'y a-t-il pas « Euphorie » ? C'est l'état exact dans lequel me laissent les pépites verbales de maître Grégoire après intense et jouissive lecture d'icelles. Lichtenberg ou Pascal n'ont qu'à bien se tenir.

Quant à Chamfort, aurait-il renié ce petit joyau digne de sa grandeur : « Le meilleur résultat que puisse obtenir une révolution c'est un changement de bourgeoisie » ?

Méditez ces réalistes élucubrations auprès desquelles celles de nos philosophes branchés d'aujourd'hui font figure de bulletins paroissiaux.

Seule petite restriction de ma part… et je me dois d'en informer honnêtement le lecteur, l'auteur est un fieffé menteur lorsqu'il veut nous faire avaler, au détour de l'un de ses nouveaux Euphorismes, qu'« il ne faut pas jouer avec la langue française ».

Sacré farceur !

Pierre Perret

Avant-Propos

Tout est relatif et encore… ça dépend !

Voilà une évidence qui doit nous guider dans la traversée de ce siècle qui vient de faire ses premiers (faux) pas.

En effet, que voyons-nous ? Une meute d'imposteurs et autres gourous de secours qui veulent nous vendre des convictions préfabriquées, en béton armé jusqu'aux dents, s'adressant à des foules assoiffées de certitudes car elles n'imaginent pas de pouvoir vivre sans.

Mais quand on prend une dalle de béton pour une planche de salut on se retrouve très loin sous la surface avant de constater sa méprise !

Il était donc temps de redonner ses lettres de noblesse au doute, qui n'est pas comme certains l'affirment une maladie honteuse, mais au contraire le ferment naturel de la lucidité.

Quand l'avenir est une jungle de points d'interrogation c'est avec la machette de l'humour et de l'esprit critique qu'il faut se frayer un chemin.

En tous cas, c'est la voie que j'ai choisie, jouant avec les idées, les mots (de façon parfois discutable, j'en conviens), jubilant des contradictions humaines, dégustant la cuisine approximative et aléatoire que nous sert la vie avec, comme dessert, ce fruit non défendu qui se multiplie quand on le partage : le plaisir d'exister.

Grégoire

1
Tout est relatif et encore... ça dépend !

2
Je suis à cheval sur les principes,
mais très mauvais cavalier.

3
Il y a des gens modestes
et qui tiennent absolument
à ce que cela se sache.

4
Élever très haut le débat
est une façon élégante
de le perdre de vue.

5
Il y a des femmes qui vous
rendraient heureux
si on les laissait faire !

6
C'est toujours les meilleurs
qui s'en vont ;
alors qu'est-ce qu'on fout ici ?

7
Il n'y a qu'en criant juste
qu'on peut faire taire
ceux qui chantent faux.

8
J'ai horreur des trains qui partent...
sauf si je suis dedans.

9
Certains souhaitent qu'il pleuve,
sous prétexte qu'ils se sont
embarrassés d'un parapluie.

10
Le seul temps vraiment perdu
est celui qu'on passe à regretter
les occasions manquées.

11
Je déteste l'assurance méprisante de ceux
qui savent à quel moment applaudir
pendant les concerts.

12
C'est pas les frites qui font grossir,
c'est la bière qu'on boit avec ;
c'est pas l'amour qui fait souffrir,
c'est les femmes qu'on prend avec.

13
De toutes les maladies contagieuses,
le désir est celle contre laquelle
il n'existe heureusement aucun vaccin.

14
Ce n'est pas la mer qui fait les vagues,
c'est le vent...

15
Le futur n'existe pas,
il n'y a qu'une succession
d'« aujourd'hui »

16
Peut-on traiter d'hypocrite un homme
qui essaie de sourire
malgré une rage de dents ?

17
J'en ai connu qui mettaient
tellement de temps
à se faire une opinion que,
lorsque enfin ils en avaient une,
ils ne savaient plus quoi en faire.

18
Certains s'habillent avec beaucoup de
recherche, l'ennui c'est qu'ils
n'ont toujours pas trouvé.

19
Une panne d'électricité
laisse l'aveugle indifférent.

20
La mauvaise conscience ne fait que
retarder inutilement l'accomplissement
d'actions discutables que l'on aurait,
de toute façon, commises.

21
Avec moi, le ménage
c'est aussi taudis aussitôt fait.

22
La stratégie est à la tactique,
ce que le haut-de-forme
est à la casquette.

23
Il est plus facile d'être antiraciste
que pro-Maghrébin.

24
Dans l'escalier de la vie,
la dernière marche
est une marche funèbre.

25
Quand on est équivoque
dans le paradoxal,
on évite peut-être la contradiction,
mais on n'échappe pas
à une certaine ambiguïté.

26
La Vérité sort nue du puits,
c'est pourquoi il y a tant de monde
pour l'habiller.

27
Moins on en sait
mieux on colporte.

28
Là où l'infini de l'espace
recoupe l'infini du temps, on trouve
un endroit précis à un moment donné ;
j'y suis souvent.

29
La tenue de rigueur
n'est pas obligatoire.

30
Je veux bien mourir
pour de grandes causes
mais pas pour de petites conséquences.

31
Du fond de mon hamac j'observe,
et surtout je plains,
ces milliers d'abeilles laborieuses
à qui personne n'a dit
qu'aujourd'hui c'est dimanche.

32
Quand on voit ce qui est advenu du passé
on comprend vite
que le présent a peu d'avenir.

33
La fin justifie les moyens
mais pas les médiocres.

34
Si la sélection naturelle
faisait vraiment son travail,
vous seriez moins nombreux.

35
Un nombre pair peut toujours être
divisé par deux, même à son insu.

37
On gagne beaucoup de temps
en faisant semblant de comprendre
au lieu de demander des explications.

38
Beaucoup de femmes attendent
qu'on fasse leurs quatre voluptés.

39
Je déteste les gens qui ont un point de vue
différent du mien, surtout s'ils ont
assez d'arguments pour me convaincre.

40
Tout le monde a droit au bonheur,
moi en particulier.

41
Si j'ai un fils il s'appellera Adagio
comme d'Albinoni.

42
L'avantage, en apesanteur,
c'est que personne ne peut
vous laisser tomber.

43
Ne pas vouloir mourir idiot
c'est avouer
qu'on voudrait être éternel.

44
Lever le coude est la meilleure façon
de ne pas baisser les bras.

45
Le dernier d'une course arrive
quand même avant le premier
de la course suivante.

46
Il est loin d'être con,
mais il y a des moments
où il se rapproche.

47
Je n'ai pas mon pareil
pour faire semblant
de ne pas dormir.

48
Grimpant sur leur escabeau
en jargon massif
les philosophes se rapprochent
du ciel de la Vérité,
comme moi je me rapproche de
l'Amérique, quand je fais
quelques brasses à La Baule.

49
Il ne serait pas grave que certains
aient l'illusion d'être irréprochables si,
partant de ce postulat,
ils n'avaient une forte tendance à vouloir
nous dicter notre conduite.

50
Qu'une personne vous manque
est moins grave
que de ne manquer à personne.

51
Se priver de plaisirs dans l'espoir de
gagner le paradis est aussi absurde
que de vendre ses meubles
pour payer le déménagement.

52
Ce n'est pas grave d'être le dos au mur,
si on est à l'ombre.

53
La serviette n'est jamais
qu'un torchon qui a réussi.

54
J'ai voulu vendre mon âme au diable ;
il n'avait pas de monnaie.

55
L'amour c'est comme le jazz :
c'est n'importe quoi
mais pas n'importe comment.

56
C'est peut-être Dieu qui a inventé l'oreille,
mais ce n'est pas lui
qui a inventé la musique.

57
Je crois réellement à la possibilité d'une
amitié entre un homme et une femme ;
surtout si la femme demande
qu'on lui fasse l'amour, par amitié.

58
Dans le doute, soyons généreux.

59
Quand la vertu s'empare du pouvoir
le bourreau se frotte les mains.

60
Il y a des gens d'une telle banalité
qu'ils en deviennent extraordinaires.

61
À quoi bon s'agiter ?
On est toujours plus jeune
que l'année prochaine.

62
Joseph a toujours reproché à Marie
d'avoir accouché juste le jour de Noël,
sans lui laisser le temps
de trouver une baby-sitter
pour le réveillon du Jour de l'An.

63
Dieu est-il jaloux si l'on trouve ici-bas
quelqu'un qu'on admire plus que lui ?

64
Le droit d'expression est à l'individu
ce que la braguette est à l'exhibitionniste.

65
Il faut savoir se désengluer
du miel trompeur
des souvenirs d'enfance.

66
Il y a des moments où l'on croit être en
plein brouillard, et ce n'est
que de la buée sur le pare-brise.

67
Le pire des crimes
c'est de tuer le temps.

68
Les gens plus âgés que moi m'ennuient,
heureusement, il y en a de moins en moins.

69
Pourquoi faire les choses à moitié
quand le quart suffit ?

70
Quand le cul-de-sac
débouche sur une impasse
on peut considérer
que la situation est sans issue.

71
Il faut se laisser dépasser
par les évènements,
ça permet de les voir de dos.

72
La colère c'est la violence des faibles.

73
Il ne faut pas confondre :
ce n'est pas parce qu'on est seul
qu'on est unique.

74
Le temps n'est pas maître de notre destin,
il n'en est que le comptable.

75
Pour moi, quand la nuit tombe,
elle ne tombe pas
dans l'oreille d'un sourd.

76
Beaucoup ignorent que
leur arbre généalogique
n'est qu'un bonsaï.

77
Il y a des moments tellement magiques
qu'ils vous donnent
la nostalgie du présent.

78
La vérité résulte parfois d'un
cumul de mensonges
qui se compensent.

79
L'erreur est un droit,
mais pas un devoir.

80
À force de me planter
je vais bien finir par pousser.

81
Dans mes rapports affectifs avec l'argent,
la grande injustice c'est que lui
peut très bien se passer de moi.

82
On ne prête qu'aux riches,
moi je ne donne qu'aux pauvres.

83
Le sexe n'est pas tout ;
on ne peut pas remplacer
les sentiments par des centimètres.

84
Nous ne sommes que
les galets d'une plage
que le destin piétine avec désinvolture.

85
On n'est adulte que lorsqu'on a pris la
mesure de son insignifiance.

86
La vie n'a aucun sens,
mais elle a une direction :
le cimetière.

87
La soif de vengeance pouvant tenir lieu
de raison de vivre,
ce serait la moindre des choses
que de remercier
ceux qui en sont la cause.

88
Ceux qui exigent la vérité
ne devraient pas s'en plaindre.

89
L'amour que l'on ressent
ne donne aucun droit,
celui que l'on inspire aucun devoir.

90
Les rapports hommes/femmes :
désironie contre virillusion.

91
Doit-on vraiment
faire quelque chose de sa vie ?
La mener jusqu'à son terme
devrait suffire, non ?

92
Incroyable l'imprévoyance des oiseaux
migrateurs qui s'embarquent pour des vols
de 3 à 4 000 kilomètres sans avoir réservé !

93
Les femmes ont un sixième sens,
malheureusement il est giratoire.

94
Je suis ouvert au point de vue des autres
dans la mesure où il coïncide avec le mien.

95

Tomber n'est pas toujours dramatique.
Par exemple, un vendredi qui tombe le 13
considère que c'est un coup de chance.

96

Avec l'âge on renonce
à bien des choses
dont on aurait pu se passer
beaucoup plus tôt.

97

Le soleil et moi nous
sommes mis d'accord.
Quand il s'agit de se lever,
c'est ou lui ou moi.

98

On trouve normal d'organiser de longs séminaires pour préserver la couche d'ozone, mais on ne fait absolument rien pour améliorer la probabilité de tomber du premier coup sur le bon cordon quand on veut remonter un store.

99

Rendre le dernier soupir,
oui, mais à qui ?

100

Il est moins grave de mourir pour rien que de ne pas vivre pour quelque chose.

101

Faire parler la poudre c'est bien,
à condition
qu'elle ait quelque chose à dire.

102
Je ne crois pas en Dieu
et j'ai toutes les raisons de penser
que c'est réciproque.

103
Le charme de l'utopie
c'est qu'elle ne tient jamais
ses promesses.

104
Le papillon bat des ailes,
comme pour applaudir le printemps.

105
Quand une femme m'attend,
c'est l'attendresse même.

106
Un amour sans écho c'est comme
une musique que personne n'écoute,
ça n'existe pas.

107
Vouloir démontrer que l'on n'est pas
égocentrique permet de parler de soi
en toute impunité.

108
La détente je suis pour,
d'ailleurs j'ai toujours le doigt dessus.

109
La principale différence
entre l'homme et la femme,
c'est la femme.

110
L'oisiveté est mère de tous les vices
mais le travail
n'en est pas pour autant
père de toutes les vertus.

111
On passe la première moitié de sa vie
à se sous-estimer.
et la deuxième à s'apercevoir
qu'on a surtout surestimé les autres.

112
J'aime les femmes qui sont tout « Oui »
quand on leur parle d'amour.

113
Il faut être vraiment riche
pour s'offrir le luxe
de mépriser l'argent.

114
Certains pied-à-terre sont
de merveilleux jambe-en-l'air.

115
De toutes les erreurs que Dieu a faites
la femme est la plus réussie.

116
Brûler la chandelle par les deux bouts,
c'est bien, à condition qu'il y ait quelqu'un
pour la tenir au milieu.

117
Un être humain quel qu'il soit
sera toujours biodégradable
et parfaitement remplaçable.
C'est une vérité universelle.
Mais j'ai un mal fou à accepter
qu'elle me soit
personnellement applicable.

118
Être clairvoyant
c'est trouver le juste milieu
entre la simplification mutilante
et le perfectionnisme paralysant.

119
Un seul être vous manque
et tout est comme avant.

120
Ce que femme veut Dieu le veut,
d'où mon athéisme.

121
J'ai hésité très longtemps avant d'entrer
dans la vie active et maintenant,
je crois qu'il est trop tard.

122
En général les enfants sont beaucoup plus
touchés par la mort de leurs parents qu'ils
ne sont intéressés par leur vie.

123
Il n'y a pas plus beau lever de soleil
que le sourire d'une femme amoureuse.

124
Ça ne sert à rien d'enculer les mouches,
elles n'y prennent aucun plaisir.

125
Pourquoi le mâle
tire-t-il fierté de son sexe ?
Un arbre se vante-t-il
de la plus petite de ses brindilles ?

126
Le couple est une secte où chacun
veut être le gourou de l'autre.

127

Plus grand n'est pas
synonyme de meilleur :
sur une horloge, c'est la petite aiguille
la plus importante.

128

L'efficacité, c'est l'optimisation
de la loi du moindre effort.

129

Les femmes ont raison neuf fois sur dix.
Mais pourquoi commencent-elles toujours
par la dixième ?

130

Le stress n'est que la soumission avouée
à des contraintes non choisies.

131

Quand on remet les choses
à plus tard, ce plus tard
vient toujours trop tôt.

132

Le meilleur des gilets pare-balles
est celui qui n'est pas
sur leur trajectoire.

133

Un iceberg qui fond
retourne chez sa mer.

134

Tout coma qui n'est pas éthylique
est méprisable.

135

Un homme ambitieux met la barre
très haut, suffisamment
pour pouvoir passer dessous
sans avoir à se baisser.

136
Le solfège, c'est simple :
si ça monte tu montes,
si ça descend tu descends et s'il y a un
bémol c'est que c'est triste.

137
Les conservateurs sont des plombiers
qui cherchent à colmater
la fuite en avant.

138
Quand on vise la médiocrité,
c'est elle qui vous atteint.

139
Il y a des femmes à la sensualité molle,
comme une poupée gonflable
qu'on aurait tirée à quatre épingles.

140
On ne meurt pas
d'une overdose de rêve.

141
Les écrivains supportent mal
qu'à leur besoin viscéral d'écrire
ne réponde pas, de la part du public,
un besoin viscéral de les lire.

142
La certitude que tout peut arriver
est la seule sur laquelle on puisse
vraiment compter.

143
Méfiez-vous de l'eau qui dort
et de l'orchidée.

144
Je suis infaillible... sauf erreur !

145
Si tous les animaux de la création
ont accepté d'embarquer
sur l'arche de Noé,
c'est parce qu'ils pensaient
qu'il y avait un casino à bord.

146
Faire un régime me pèse.

147
Certains pensent
qu'il suffit d'avoir mauvais caractère
pour avoir du caractère,
comme s'il suffisait
d'avoir mauvaise haleine
pour avoir du souffle !

148
Le cumul de hasards successifs
ne fait pas un destin, tout au plus
une maigrichonne fatalité.

149
Il n'y a pas de haine platonique.

150
Quand la tentation d'occire
chez l'un, s'oppose
à l'obsession de durer chez l'autre,
le conflit est rarement évitable.

151
Il y a des gens qui ont toujours
le mot pourrir.

152
Le dépucelage n'est jamais que la victoire
d'un membre sur une membrane.

153
Quand une femme fait le premier pas
c'est qu'elle veut avoir le dernier mot.

154
Je ne compte sur personne,
même pas sur mes doigts.

155
Pour les femmes, rien ne se perd,
rien de secret.

156
Le corset du vocabulaire
ne remplacera jamais
la colonne vertébrale
d'une pensée bien charpentée.

157
Il y a des gens tellement égocentriques
que, fermant les yeux,
ils croient que le monde s'est éteint.

158
Quand la grande majorité d'une
population est très au-dessous
de la moyenne,
il y a de quoi s'inquiéter.

159
En amour comme en musique
une fausse note n'est pas dramatique,
pire, c'est dommage.

160
Le plus court chemin
du plaisir au bonheur
passe par la tendresse.

161
Quand on n'a plus rien à se dire,
on parle de communication.

162
La mort est une grande faucheuse, mais si
vous l'accusez de faux et usage de faux,
elle vous répondra
par un ossement d'épaule.

163
« Problème de couple » est un pléonasme,
il suffit de dire
« Je fais partie d'un couple ».

164
Il ne faut pas tirer gloire
d'atteindre une cible
que l'on n'a pas visée ;
mais on peut toujours en tirer profit.

165
Le mariage est le passage de l'éphémère
à l'effet-mémère.

166
Face au travail l'homme
peut avoir deux attitudes :
le faire ou le faire faire.
J'hésite rarement.

167
Ne pas répondre au désir
que l'on a provoqué
est une lâcheté impardonnable.

168
Ce qu'on appelle pompeusement
son « Passé » n'est, en fait, qu'une certaine
capacité de mémoire.

169

Il suffit parfois
de faire semblant d'avoir du courage
pour s'en découvrir vraiment.
Dommage que ça ne marche pas
pour l'intelligence.

170

Pour une femme, une amie
est celle que l'on est seule
à avoir le droit de critiquer.

171

Je veux bien que l'on vive
sur un grand pied
à condition que ce ne soit pas le mien.

172

Aimer mon prochain comme moi-même
serait lui faire un trop beau cadeau.

173

Je ne jette jamais la première pierre,
mais avec la deuxième je m'applique.

174

Une amnésie sélective est,
pour la conscience,
le meilleur des tranquillisants.

175

Il y a des femmes que l'on comble
comme on comble une lacune.

176

En amour comme en politique,
il est inutile d'avoir raison,
il suffit d'être convaincant.

177
Lorsqu'il y a un équilibre dans le trop,
l'excès devient supportable.

178
La coexistence d'avis contraires
n'exclut pas l'existence d'une vérité.

179
Les gens qui parlent trop
sont toujours débordés.

180
Cela ne sert à rien
de tirer son épingle du jeu
si c'est pour se la planter dans l'œil.

181
Tout homme est à la fois le labyrinthe
et le promeneur qui s'y perd.

182
« Matelas », mot merveilleux
qui commence par « aime »
et qui finit « paresse ».

183
Les gens heureux n'ont pas d'histoires,
c'est pour cela qu'ils s'ennuient.

184
Les cristaux, quand ils sont liquides,
ont tendance à donner l'heure.

185
On croit avoir l'âme d'un César bis
et l'on n'a que l'âge de César ter.

186
Quand, toute sa vie, on a dû repousser les séductions de la vertu, juguler un désir sournois de travailler et museler des élans chroniques de générosité, on n'a vraiment plus la force de résister aux tentations du plaisir.

187
J'adore les gens qui ont le courage de mes opinions.

188
Ne savoir désirer que le désir c'est comme, voyant une étoile filante, ne savoir faire d'autre vœu que d'en voir une deuxième.

189
Pour que deux droites soient parallèles, il faut que l'une et l'autre soient consentantes.

190
L'union fait la force, mais la force ne fait pas l'union, surtout si elle est centrifuge.

191
Ils sont à plaindre ces égarés qui, trop soucieux de se mettre à l'abri du besoin, ne font que se mettre à l'écart du désir.

192
Quand l'horloge est arrêtée le temps passe quand même.

193

Un dialogue de sourds fait plus de bruit
qu'un dialogue de muets,
mais le résultat n'est pas meilleur.

194

Le plus beau cadeau
que je puisse faire à une femme
c'est de lui pardonner tous mes défauts.

195

La crainte obsessionnelle du pire
fait souvent passer à côté du meilleur.

196

La vie est un clafoutis
dont les cerises
ne sont pas toutes sans noyau.

197

Plus on est près du sol,
plus on tombe de moins haut.

198

Qu'on le veuille ou non,
les fantasmes sexuels
seront toujours d'une grande banalité.
Cela n'est pas dû à un manque
d'imagination mais au nombre
extrêmement limité des sexes.

199

Ce n'est pas grave d'être en retard,
quand on va dans la mauvaise direction.

200

Certaines femmes résistent
bien aux tentations
mais pas aux tentatives.

201
Elle parle sans accent,
j'ecris de meme.

202
Mort, je préfère l'incinération,
ça se passe de « Qu'on m'enterre »

203
Les arbres,
personne ne leur dit « Je t'aime »,
ils poussent quand même.

204
Un eunuque décapité
ça n'a ni queue ni tête.

205
Ce que je déteste chez les resquilleurs c'est que, ayant eu le courage de faire ce qu'en réalité j'avais envie de faire moi-même, ils me rappellent que mon immobilisme doit plus à une certaine lâcheté qu'à un sens aigu de la discipline.

206
Le cheveu peut être
à l'origine d'une calvitie grave
quand il cesse d'être nombreux.

207
Certains animaux ont cessé de se
reproduire dès qu'ils ont perçu
le prestige médiatique
que confère le statut
d'espèce en voie de disparition.

208
Un seul soleil, chacun son ombre.

209
Je fuis tous les extrêmes,
surtout l'extrême-onction.

210
Où se posaient les hirondelles
avant l'invention du téléphone ?

211
On peut être excessif
dans la recherche du juste milieu.

212
Quoi qu'en pensent les bavards
le silence n'est pas une langue morte.

213
Si la nature avait vraiment horreur du vide
elle ne ferait pas tout pour le combler.

214
À quoi sert de posséder
toutes les roses du monde
si l'on ne sait pas à qui en offrir une ?

215
De même qu'une fausse alerte
peut déclencher une vraie panique,
un faux problème peut entraîner
de véritables complications.

216
Aussi génial que l'on soit, on sera
toujours, face à l'immensité de l'Univers,
aussi insignifiant qu'une fontaine de
village comparée aux chutes du Niagara.
Mais ce n'est pas grave,
l'essentiel c'est que l'eau soit potable.

217
Ceux qui sont lents
disent qu'ils prennent leur temps
alors qu'en fait, ils volent le vôtre.

218
Le besoin de musique,
c'est l'âme qui veut du son.

219
Celui qui a l'estime des autres pour seul
carburant ira peut-être loin,
mais pas dans la bonne direction.

220
Quand j'y pense, je suis effaré
par le nombre de gens
qui se passent de moi.

221
Une croix, vue de profil,
perd beaucoup de son intérêt.

222
Le bonheur c'est comme Dieu,
on ne le connaît que par ouï-dire.

223
On a noté chez le trèfle à quatre feuilles
une attitude de supériorité méprisante
vis-à-vis de ses congénères moins pourvus.
Cela ne lui portera pas bonheur.

224
Je suis toujours de l'avis du dernier
qui n'a rien dit.

225
Le premier qui a inventé le téléphone
a dû être déçu de constater
qu'il n'avait personne à appeler.

226
Quand, volontairement ou non,
un lièvre a pris la forme d'une terrine,
on ne peut plus grand-chose pour lui.

227
Absorbé par les recherches sur l'infiniment
grand, puis sur l'infiniment petit, le
scientifique a négligé,
de façon coupable, le fantastique
potentiel de l'infiniment moyen.

228
Si on veut faire tout ce qu'on doit
on n'a plus le temps
de faire tout ce qu'on aime.

229
Un manchot ambidextre est aussi
invraisemblable
qu'un amnésique rancunier.

230
Je suis jaloux des fleurs :
elles plaisent aux femmes
sans le faire exprès.

231
Il y a des circonstances
où un comportement normal
est tout à fait suspect.

232
Connaître ses limites c'est bien ;
malheureusement on ne les connaît
que de l'intérieur.

233

Soyons reconnaissants à celui qui a
inventé l'écriture d'avoir, d'emblée,
classé les lettres
dans l'ordre alphabétique.

234

Les prêtres-ouvriers sont autorisés à
communier pendant la pause casse-croûte.

235

Là où le cul-de-jatte a pied,
ne plonge pas la tête la première.

236

L'erreur est humaine, soit ;
mais il y en a qui poussent l'humanité
vraiment trop loin.

237

Le comble de l'anonymat :
voyager incognito
dans un avion de reconnaissance.

238

Une chose m'inquiète :
si le Paradis a une porte,
c'est qu'il y a des murs...

239

Il y a les méchants et les bons.
Parmi les bons, ceux que je préfère sont
les bons pour une consommation gratuite.

240

Un signe d'amitié vaut mieux que la
promesse de jours meilleurs.

241
Il est plus facile d'éblouir que d'éclairer.

242
L'orage restera toujours un spectacle
« son et lumière » raté tant qu'on
n'aura pas, par décret, amené la vitesse du
son au niveau de la vitesse de la lumière.

243
Merveille d'équilibre que la nature !
Les 33 degrés qui séparent le climat de la
Côte d'Azur de celui de l'Écosse sont
rigoureusement compensés
par les 33 degrés qui séparent
le Rosé de Provence du Malt Whisky.

244
De quel droit les absents
ont-ils toujours tort ?

245
Le comble du cynisme :
demander à un manchot
de travailler d'arrache-pied.

246
On a beau chercher, on trouve rarement
de vraies raisons d'être sûr de soi ;
mais c'est quand même bien d'essayer.

247
Dieu a fait à l'homme un cadeau
empoisonné : il lui a donné la conscience
d'exister en même temps que la certitude
qu'il ne saura jamais pourquoi.

248
Il suffit d'une infime dose de mauvaise foi
dans un processus d'auto-culpabilisation
pour atteindre, très rapidement, une
parfaite tranquillité de la conscience.

249
Se disent « maîtres à penser » ceux qui
veulent nous empêcher de réfléchir.

250
Il paraît qu'il y a des malheureux qui
meurent sans avoir su que
le goudron est à l'asphalte ce que
le bitume est au macadam !

251
L'avantage de vivre en couple c'est que
l'on a quelqu'un sous la main à qui l'on
peut reprocher d'avoir été une entrave à
des projets que l'on n'aurait
de toutes façons pas réalisés.

252
Si l'on n'est pas capable de se souvenir,
vieillir ne sert à rien.

253
Quand on prend un moule à gaufres
pour une photocopieuse,
le résultat est souvent illisible.

254
Pour mieux dissimuler leur incontinence
les vieux lions font semblant
de baliser un modeste territoire.

255
La gloire me boude, elle doit être
jalouse de mon bonheur.

256
L'avantage quand on est franchement nul,
c'est qu'on ne risque pas
de se sous-estimer.

257
À partir d'un certain âge on peut déjà
faire preuve d'une grande sérénilité.

258
Paradoxe mathématique :
π n'est pas un chiffre rond.

259
Faire semblant d'avoir réussi sa vie permet
de pontifier, à peu de frais,
auprès de ceux
qui sont en train de rater la leur.

260
Ma liberté commence
là où j'arrête celle des autres.

261
Il y a des choses que personne au monde
ne fait mieux que moi : me pardonner
mes faiblesses, par exemple.

262
On n'est jamais aussi égoïste qu'on le croit.

263
En amour, les femmes ne savent pas
ce qu'elles veulent,
mais elles sont fermement
décidées à l'obtenir.

264
Remercions le Créateur qui a fait pour le
péché comme pour le champignon.
Il y en a mille sortes
et sept seulement sont mortelles.

265
Avant de maudire l'échec,
assure-toi qu'il est définitif.

266
L'amour est un beau voyage dont le retour
coûte beaucoup plus cher que l'aller.

267
La vie est tellement courte
que s'économiser,
c'est faire un placement à trop long terme.

268
Par leur seule présence les femmes
nous dérangent parfois
dans l'amour qu'on a pour elles.

269
Certains se sont donné beaucoup de mal
pour sortir de l'ordinaire.
Ils auraient mieux fait d'y rester.
Ils font bien cavalier seul...
mais loin derrière !

270
Quand il est trop tard pour partir tôt,
rien ne sert de s'acharner.

271
Tolstoï et moi
sommes sur un pied d'égalité :
il n'a rien lu de moi
et réciproquement.

272
On rencontre dans la vie des personnes
qui ne servent à rien, comme il y a dans le
dictionnaire des mots totalement inutiles
mais qui, s'ils n'y figuraient pas,
feraient dire :
« C'est un mauvais dictionnaire. »

273
Certaines femmes ne sont intéressantes
que malheureuses.
Les faire souffrir c'est leur rendre service.

274
Certains croient se battre pour la liberté ;
en fait, ils ne font que contester
la forme de la cage.

275
Ma notoriété est telle que
si je tombe dans l'oubli,
je ne me ferai pas bien mal.

276
Les femmes ont un sixième sens,
les hommes un don de double vie.

277
Qu'ils sont présomptueux ceux qui,
pour avoir croisé un visage connu,
en concluent que « le monde est petit » !

278
On peut douter de la capacité de travail
de ceux qui vous souhaitent
un bon week-end dès le mardi soir.

279
Personne ne sait vraiment
comment font les spermatozoïdes
pour se reproduire entre eux.

280
Si on est beaucoup trop à être nombreux,
il n'y a plus assez de place
pour ceux qui ne le sont pas.

281
Est-ce que je prends de la valeur
quand je me rapproche de ma destination ?

282
Tout le monde gagne à être connu, certes,
mais il y a quand même
pas mal de gagne-petit.

283
Non seulement la longue échelle
qui mène au paradis n'a qu'un barreau
mais en plus c'est celui du haut !

284
Être obèse n'est pas un échec.
C'est, tout au plus, un bide.

285
Corrigé des variations saisonnières,
l'Amour n'est qu'une variante
surmédiatisée
de l'instinct de reproduction.

286
Le pigeon voyageur ne pouvant délivrer
que des messages,
je propose d'élever des pélicans voyageurs
pour la livraison des colis.

287
Il y a des jours où je marche si vite
que j'ai l'impression de
faire tourner la terre avec mes pieds.

288
Ma mémoire est telle que je peux réciter
sans hésiter (et dans les deux sens !) tous
les numéros de la rue de Vaugirard
(la plus longue de Paris)
depuis le 1 jusqu'au 419 inclus !

289
Les tests ADN sont formels.
Contrairement à ce que prétend Freud,
Œdipe n'était pas le père
de son petit frère.

290
On ressent une certaine frustration
à rendre une femme
plus heureuse que soi.

291
Il est très mal élevé
d'être le meilleur en tout.
Là-dessus j'ai beaucoup de savoir-vivre.

292
C'est vraiment dommage de mourir
d'un bloc et pour toujours.
Ne vaudrait-il pas mieux mourir un petit
moment par jour, mais éternellement ?

293
Qui peut le plus peut le moins qui,
la plupart du temps, suffit largement.

294
J'ai décidé de croire en Dieu,
mais je ne suis pas sûr qu'il y gagne.

295
La mort en elle-même
n'est pas un problème
puisque c'est une certitude.
En fait, le seul vrai problème c'est la date.

296
L'idée fixe est aussi paralysante
pour le cerveau
que la crampe l'est pour le muscle.

297
La mauvaise foi peut, aussi,
soulever des montagnes.

298
Je ne suis pas macho.
Mais je suis obligé de faire semblant
sinon les femmes
ne me prendraient pas au sérieux.

299
Je n'aimerais pas être le cendrier
où le condamné à mort
écrase sa dernière cigarette.

300
On sait rarement
combien pèse une balance.

301
Rien ne me rend plus furieux
que d'être accusé à tort, sauf peut-être,
d'être accusé à juste titre.

302

Cessons d'analyser nos pulsions.
Est-ce qu'un arbre réfléchit avant de
se laisser pousser une branche ?

303

Un amour exclusif
n'est que l'abrogation temporaire
de la loi des grands nombres.

304

L'enthousiasme communicatif de certains
peut venir gravement perturber
le plaisir hypocrite que procure
une déprime soigneusement entretenue.

305

Quand on s'interdit de critiquer
qui que ce soit on n'est pas loin
d'admirer n'importe qui.

306

Les racines, c'est la routine.

307

Avant de songer à vous priver,
attendez que, seules, vos matinées
soient plus grasses que vous.

308

Le plaisir d'être de mauvaise humeur
peut être plus intense encore si l'on prend
conscience du malaise insidieux
que cela fait peser sur l'entourage.

309

Il y a des raisonnements
qui tombent sous le sens
et ne s'en relèvent pas.

310
Vouloir à tout prix passer à la postérité
c'est accepter d'échanger toute une vie
contre une minute de silence.

311
Attendre,
c'est faire trop d'honneur à l'incertain.
Espérer, c'est lui donner sa chance.

312
Croiser un regard peut suffire
à bouleverser une vie ;
rater un trottoir aussi.

313
S'il est vrai que le mouvement
résulte d'un déséquilibre,
j'en connais pas mal
qui devraient aller beaucoup plus vite.

314
À l'époque où l'on ne prenait pas
les curés pour des travestis,
le péché était beaucoup plus savoureux.

315
Je me sens capable d'un acte d'héroïsme,
même si personne ne me regarde ;
mais ça serait quand même dommage.

316
Rêver d'une maison
dont les quatre façades seraient au sud,
c'est vouloir jouer aux quatre coins
dans un cercle vicieux.

317
À l'ère du micro-ondes,
même la vengeance
n'est plus un plat qui se mange froid.

318
Grâce aux philosophes aucune des grandes
questions que se pose l'Humanité
ne restera sans point d'interrogation.

319
Dans certains milieux,
se surestimer moins que les autres
c'est déjà être modeste.

320
L'avantage des châteaux en Espagne,
c'est qu'il faut très peu de terrain
pour les bâtir.

321
Très sincèrement, je ne me sens
pas de taille à culpabiliser
si je suis le seul rescapé d'un accident.

322
Il n'y a que les intellectuels pour rendre
très ennuyeux un livre sur le plaisir.

323
On a tous été mesquins
à un moment ou à un autre de notre vie.
Mais on ne va pas se le reprocher
ça ferait une mesquinerie de plus !

324
Sans me vanter, je constitue, à moi seul,
une espèce unique au monde.
Malheureusement c'est une espèce
en voie de disparition.

325
E=mc^2, mais si on discute un peu,
on peut l'avoir pour beaucoup moins cher.

326
Je crois qu'on est nombreux dans ce cas :
une fée s'est penchée sur notre berceau,
demandant si l'on préférait
être beau ou intelligent.
On a dû trop tarder à donner la réponse.

327
Je me suis mis au golf :
tous les coups sont dans la nature.

328
Le nombre sans cesse croissant de ceux
qui sont plus jeunes que moi ne me
console pas de la disparition accélérée
de ceux qui sont plus vieux.

329
Inutile de rêver, les sens ne sont pas
interchangeables ; si les couleurs avaient
un goût, l'arc-en-ciel serait immangeable.

330
St Pierre est prévenu : s'il ne retient pas
ma candidature pour une place au
Paradis,
je passe à la concurrence !

331
Le plus grave reproche que je puisse faire
à une femme qui me quitte,
c'est de ne pas me manquer.

332
Après de nombreuses années
d'observation, je suis en mesure d'affirmer
que l'Humanité se compose de deux
parties bien distinctes :
Moi, et les Autres.
Inutile de vous dire
que j'ai choisi mon camp.

333
Paradoxe : pour se faire entendre,
il faut souvent frapper comme un sourd.

334
Le son met un certain temps
à se propager.
De ce fait, le concert se termine plus tôt
pour les auditeurs du premier rang
que pour ceux du fond de la salle.
De ce constat on ne peut tirer
aucune conclusion vraiment intéressante.

335
Quand elle s'ennuie, l'eau s'évapore.

336
Toute ma vie j'ai cherché la Vérité.
Je l'ai enfin trouvée, mais dans un tel état
que j'ai fait semblant
de ne pas la reconnaître.

337
Les neurones sont les unités élémentaires
de l'intelligence.
Le plus difficile c'est de leur donner
le goût du travail en équipe.

338

Ceux qui prétendent n'avoir jamais fait de
concessions sont soit menteurs,
soit amnésiques, ou alors
ils doivent se sentir bien seuls.

339

Étonnante, l'illusion de sérénité que peut
procurer, dans les moments de panique,
le fait d'avoir pris une décision,
même mauvaise.

340

Quand on a le courage
de ne pas avoir d'opinion,
il faut le dire de façon très ferme.

341

L'Homme est capable du meilleur comme
du pire, mais c'est vraiment dans le pire
qu'il est le meilleur.

342

J'apprécie beaucoup ces gens qui vous
donnent l'impression qu'on pourrait
tout leur dire, mais vous épargnent
d'avoir à le faire.

343

J'ai fait des progrès :
au lieu de sanctifier ceux qui m'admirent,
je me pose des questions sur leur lucidité.

344

On a toutes les raisons de se méfier
quand la cerise est
plus grosse que le gâteau.

345
Ceux pour qui « tout de suite »
est déjà trop tard, confondent souvent
dynamisme et agitation.

346
En fait, les malentendus n'existeraient pas,
s'il n'y avait pas tant de malentendants.

347
Nous sommes la preuve vivante
qu'hier n'était pas
un jour sans lendemain.

348
Il y a des couples où l'un des deux,
au moins, est de trop.

349
Le bonheur n'est pas une illusion.
Sa simplicité apparente, si.

350
Même chez les femmes
la gravité a un centre ;
mais je préfère de beaucoup
la périphérie.

351
Toute idée, même bonne, entraînant un
surcroît de travail, doit être considérée
comme suspecte.

352
Parfois, on se demande si Dieu n'a pas
créé le Monde sur un coup de colère.

353
On évite beaucoup de déceptions
si l'on se contente de prendre ses désirs
pour des éventualités.

354
Je n'ai pas voté la loi du moindre effort ;
je suis trop paresseux pour ça.

355
Prendre son courage à deux mains
suppose qu'il soit de taille suffisante.

356
Vue par les poissons,
la plus ravissante des sirènes
n'est jamais
qu'un dauphin trisomique.

357
Il est plus facile de partager l'avenir
que le présent.

358
En politique tout le monde ment,
mais ce n'est pas grave, personne n'y croit.

359
Le silence c'est quelque chose... d'inouï.

360
On perçoit facilement
qu'un équilibre est instable,
malheureusement il est souvent trop tard.

361
L'argent n'a d'intérêt que si l'on éprouve
plus de plaisir à le dépenser qu'à le gagner.

362
Ce qui me culpabilise le plus quand je vois
quelqu'un travailler à ma place,
c'est que je n'arrive même pas
à avoir mauvaise conscience.

363
Qu'advient-il de la seconde moitié des
fautes avouées qui n'a pas été pardonnée ?

364
Beaucoup de ceux qui crient
« Mort aux cons ! »
sont peu conscients d'avoir, alors,
un comportement suicidaire.

365
Et si, au lieu de se décevoir mutuellement,
on essayait de se mériter les uns les autres ?

366
« Il faut savoir couper court »
disait le Rabbin des Bois, de Boulogne,
à l'exhibisioniste.

367
Mon drame :
J'ai tellement de raisons d'être heureux
que je ne sais pas laquelle choisir.

368
Pour une femme, la mort du mari
c'est quelque chose de très veuvifiant.

369
Quand un homme, supérieurement
intelligent, dialogue avec un autre,
supérieurement con,
on perçoit vite que le principe
des vases communicants
n'est pas toujours applicable.

370
Rien de plus pitoyable qu'une jalousie
qui se trompe de cible.

371
Dans les moments
où l'on n'est pas fier de soi,
on en veut à tout le monde.

372
Il y a des milieux privilégiés
où l'expression
« pauvre con » est un pléonasme.

373
On supporte mal le regard
de ceux que l'on a déçus.

374
L'égoïste est celui qui s'achète
une galette des rois individuelle
pour être sûr d'avoir la fève.

375
« TGV le rail en douceur »
Un chemin de fer
dans un slogan de velours.

376
Si vous le pouvez, faites en sorte que les
autres vous prennent au sérieux, cela vous
évitera d'avoir à le faire vous-même.

377
Entre un avenir lourd de menaces
et un passé lourd de reproches,
le présent me semble un oasis de légèreté
que je n'ai nullement l'intention de quitter.

378
C'est très décevant :
aussi loin que l'on parte
on est toujours à moins de
100 mètres de quelque part.

379
Je trouve suspecte l'humilité de ceux qui,
sous prétexte qu'ils ne méritent pas
le plaisir de donner,
cultivent un égoïsme rigoureux.

380
Je suis né sous le signe de la Balance.
C'est normal que je pèse.

381
Faut il vraiment plaindre ceux qui sont
affligés d'une timidité telle, qu'ils laissent
toujours les autres demander l'addition ?

382
En réalité, une année sans lumière ne dure
pas plus longtemps qu'une année-lumière,
mais elle paraît beaucoup plus longue.

383
De même qu'un chien, aussi petit soit-il,
présente toujours un risque de morsure,
une femme, aussi innocente soit-elle,
présente toujours un danger de séduction.
Dans les deux cas,
on ne se méfie jamais assez.

384
Il y a risque de naufrage quand le gardien
de phare fête son anniversaire.

385
Le village de St Cernin-la-Volps se trouve
exactement à l'intersection d'une ligne qui
va d'Oslo à Lannemezan et d'une autre qui
va du Plessis-Balisson à St-Pétersbourg.
Curieusement, cet étonnant phénomène,
révélé aux habitants, a été accueilli
dans la plus totale indifférence.

386
Mourir n'est pas un drame,
c'est juste une connerie.

387
Ceux qui font semblant de dormir
sont des Pionce Pilate.

388
Il n'y a d'exceptions valables
que celles qui ne confirment pas la règle.

389
Haïr est un exercice fatigant
qui ne se justifie
que si l'on y prend vraiment plaisir.

390
On peut considérer que les obèses sont
des « en trop » pophages.

391
L'idée qu'une personne vous soit
supérieure est insupportable jusqu'au jour
où l'on découvre
qu'elle peut vous rendre service.

392
Je suis raisonnable, mais sans excès.

393
Comment un spermatozoïde
peut-il, de but en blanc,
décider de faire un enfant à un ovule
dont il vient à peine de faire la
connaissance ?

394
J'en connais qui cultivent la fréquentation
des hommes riches avec l'espoir, vain,
que cela pourrait déteindre.

395
On a reproché aux gardiens
de la forteresse de Pignerol
de ne pas avoir assez dérouillé
l'Homme au Masque de Fer.

396
La pire des frustrations
c'est le manque de besoin.

397
Admirable la paupière !
Il lui suffit d'un clin pour arrêter, sans
sourciller, des rayons lumineux
lancés à la vitesse prodigieuse de
300 000 km/s !
Et ça ne fait même pas mal !

398
La réincarnation je serais plutôt pour,
s'il ne fallait pas mourir pour y accéder.

399
À un moment de mon existence
j'ai frisé la perfection.
Malheureusement
ce n'était pas une permanente.

400
Un dieu, ça ne s'implore pas,
ça se mérite.

401
L'Homme a inventé le langage
pour pouvoir se justifier.

402
Quand le sommeil me gagne,
le monde me perd,
mais il ne perd pas grand-chose.

403
La mémoire est à l'inculte
ce que la perruque est au chauve.

404
L'interprétation freudienne est un peu
trop psystématique.

405
Je suis rarement de mauvaise foi mais,
si cela m'arrive, c'est que j'ai pensé, en
toute bonne foi, que cela était nécessaire.

406
Il ne faut jamais péter les plombs
plus haut qu'on a le compteur.

407
Belle leçon de modestie que le cosmos :
aucune de ses étoiles
ne se prend pour une star.

408
À mon âge ce n'est plus moi qui vieillis,
c'est le passé qui recule.

409
Finalement l'égoïsme des autres
est une bénédiction puisqu'il permet
de justifier le nôtre.

410
Les femmes ne se doutent pas que leur
plus dangereuse rivale c'est la liberté.

411
Les mélancoliques sont souvent
sur la même langueur d'onde.

412
Un caméléon daltonien a peu de chance
de passer inaperçu.

413

Mieux qu'un espoir ?
Une décision.

414

Ce qui m'ennuie dans l'éternel féminin,
c'est surtout le côté éternel.

415

Le manque à gagner de certains
suffirait à faire vivre beaucoup de ceux
qui n'ont plus rien à perdre.

416

Le fait d'être mortel m'étant une certitude,
je ne vois aucune urgence
à en apporter la preuve.

417

Certains ne trouvent leur vie intéressante
que lorsqu'ils la racontent.

418

Si une femme répond
à toutes vos exigences
dans tous les domaines,
il y a peu de chances
que vous soyez à la hauteur.

419

Certains ont l'esprit encombré de
réponses à des questions
que personne ne se pose.

420

Dieu, j'y ai renoncé,
mais j'y ai mis les formes :
j'ai fait une croix dessus.

421

Il y a des gens tellement lents
qu'ils n'arrivent même pas
à aller le plus vite possible.

422

Pardonner, c'est se donner l'occasion
de reformuler un reproche
que l'on aurait eu mieux fait d'oublier.

423

On commence à vieillir
quand on a la nostalgie
de moments qui n'ont jamais existé.

424

On peut toujours concilier deux points de vue diamétralement opposés en déclarant qu'ils sont complémentaires.

425

Certains sont malheureux par paresse,
c'est moins fatigant
que faire semblant d'être heureux.

426

La plupart des intellectuels ont, vis-à-vis de l'intelligence, une attitude très équilibrée : ils admirent la leur et méprisent celle des autres.

427

Quand je pense à toute l'énergie que j'ai dépensée pour éviter le surmenage, je me demande si, par moments, je n'aurais pas dû me laisser aller à travailler.

428
Ce qui est bien, quand personne
n'attend plus rien de vous,
c'est que vous pouvez, sans efforts,
surprendre tout le monde.

429
À partir d'un certain âge,
plus besoin de fantasmer,
il suffit de se souvenir.
Ou alors on a pris beaucoup de retard.

430
Plus on est nombreux
à penser la même chose,
moins il vient à l'idée
qu'on pourrait tous se tromper.

431
Dans notre couple, ma femme et moi
nous sommes réparti les rôles : moi, je suis
le seul maître à bord après Dieu.
Elle, c'est Dieu.

432
J'admire les gens qui vont jusqu'au bout
de leurs idées sans se poser la question
de savoir si elles sont bonnes.

433
L'avantage, si l'humanité disparaissait
totalement, c'est qu'il ne resterait
personne pour s'en plaindre.

434
Ils me sont très pénibles ceux qui,
croyant m'être utiles,
défendent mon point de vue
avec de très mauvais arguments.

435
L'enfer n'est pas pavé
de mauvaises intentions
mais d'auto-justifications.

436
Tous les matins
elle consulte dans le miroir
son « effet-mes-rides ».

437
Le pouvoir que les gourous
exercent sur les femmes
est essentiellement d'origine hormonale.
Elles se laissent facilement endocriner.

438
Ne pas confondre
festival de danses folkloriques
et musique pechno.

439
Lassé de toujours passer derrière les autres
il fait, dès qu'il est au volant,
tout son possible pour venir de la droite,
s'offrant ainsi le bonheur dérisoire
d'un court moment de priorité.

440
On peut se rendre ridicule
à force de vouloir être pris au sérieux.

441
L'efficacité des minorités agissantes
repose le plus souvent
sur l'inertie des majorités somnolentes.

442
L'avantage quand on enfonce
des portes ouvertes,
c'est qu'on ne risque pas
de se fracturer une épaule.

443
Ce qui m'agace en hiver,
c'est que mon ombre
n'attend même plus le soir
pour s'offrir le luxe insolent
d'être plus longue que moi.

444
Je suis un marginal.
À l'heure du numérique,
rien n'est digital chez moi,
sauf les empreintes.

445
Infime parcelle du néant,
le vide n'est jamais
qu'un trou sans bords.

446
On devient moins crédible quand
on est trop prudent dans l'exagération.

447
Après de longues et vaines recherches,
j'ai renoncé à trouver la justification
de la haute estime que je me porte.

448
Je ne crains absolument pas
la douleur physique.
(Sauf si ça fait trop mal.)

449

Il y a des gens tellement nuls
que pour adopter un profil bas
ils sont obligés
de creuser un souterrain.

450

Pourquoi les nobles ne remettent-ils pas
régulièrement leurs titres en jeu
comme les champions de boxe ?

451

Ceux qui comprennent à demi-mot,
ne dorment que d'un œil,
n'écoutent que d'une oreille,
et ne boivent que des demis
feraient bien de mener une double vie.

452

Les experts sont des gens
qui vous permettent de prendre
des décisions en toute connaissance
de causes mais dans l'ignorance totale
des conséquences.

453

Beaucoup s'étonnent
de mes activités multiples.
C'est pourtant simple :
je prends mon temps,
mais je le prends par surprise.

454

Au pôle Nord, en été,
la nuit ne tombe pas,
elle trébuche seulement.

455
Il y a des gens tellement agités
qu'ils n'arrivent même pas
à faire une seule chose à la fois.

456
Je me suis finalement dit
mes quatre vérités ;
mais je n'ai pas voulu me croire.

457
Mentir m'est très pénible.
Mais c'est une épreuve que je m'inflige
régulièrement pour me punir
de ma trop grande franchise.

458
Je pense, donc je précède.

459
Moi j'ai des doutes quand on m'affirme
que la mort n'est pas une fin en soi.

460
C'est la crainte d'être traité de raciste
qui empêche l'Homme de reconnaître
que la Femme est une race supérieure.

461
En amour comme en politique,
le secret du succès : faire miroiter.

462
Je crains l'ennui plus que la solitude.

463
Après le mariage
par contentement réciproque,
vient le divorce par consentement mutuel.

464
Si on lui en laisse le temps,
un égoïsme raisonné l'emporte toujours
sur une générosité trop spontanée.

465
À quoi sert-il de relever des défis
qui ne tiennent pas debout ?

466
Pour qu'une femme se livre
il faut lui donner l'impression
qu'elle ne pouvait pas faire autrement.

467
Rien de plus encombrant que les gens
qui ont toujours peur de déranger.

468
Certains sont sceptiques
quand j'affirme que
je ne crois pas en Dieu.
Pourtant je suis un athée digne de foi.

469
Ce n'est pas grave
que les évènements se précipitent,
si on sait dans quelle direction.

470
Les arbres poussent, même le dimanche.

471
Les solutions de facilité
sont parfois aussi efficaces
que les solutions de difficulté.

472
On peut plaindre
ceux qui se sentent seuls,
mais ils sont tellement plus nombreux
ceux qui souffrent
d'un manque de solitude.

473
On n'enferme pas un rêve,
même s'il est fou.

474
On doit se sentir dans l'impasse
quand on n'a qu'un œuf
et qu'on ne veut pas le mettre
dans le même panier.

475
C'est bien plus drôle d'avouer sa faute
avant de la commettre.

476
Si les catastrophes naturelles
sont les bavures de Dieu,
il a besoin d'un sérieux recyclage.

477
Il y a des nuits tellement agitées
qu'on a l'impression de se réveiller
bien plus souvent qu'on ne s'endort.

478
Si l'on est profondément humain,
on n'hésite pas à faire exécuter
ceux qui sont pour la peine de mort.

479
L'important n'est pas
ce que l'avenir nous réserve,
mais ce que nous faisons du présent.

480
L'idée de mourir est plus pénible
que la mort elle-même.

481
Fiscalité et discipline sont
des concepts parfaitement
admissibles au niveau collectif
mais totalement intolérables
au niveau individuel.

482
À condition d'être foncièrement
sincère avec soi-même, on peut,
à l'occasion, s'offrir le luxe d'être
légèrement hypocrite avec les autres.

483
Curieux, ces gens qui demandent
qu'on se mette à leur place
alors qu'elle est déjà occupée !

484
Je me méfie des femmes
qui mettent trop longtemps
à me décevoir.

485
Il s'est gavé de rossignols
dans l'espoir de mieux chanter,
de poisson dans l'espoir de mieux nager,
et de lièvre dans l'espoir de mieux courir.
Mais qu'est-ce qu'il a bien pu bouffer
pour être aussi con ?

486
Le poète est, comme tout homme,
prisonnier de lui-même,
mais il a su, lui,
s'envoler avec la cage.

487
Je désapprouve totalement
la duplicité du soleil qui,
nous faisant de son coucher
un grand show nostalgique,
pratique au même moment,
et sans scrupules, un lever triomphant
sur l'autre versant de l'horizon.

488
On le croit profond,
il n'est que malheureux.

489
Il me semble immense l'océan de lacunes
d'où émergent mes quelques
îlots de compétence...
Mais bon, je suis un archipel,
comme tout le monde.

490
La nature est bien faite :
avec les économies que l'on fait
sur le fioul grâce au réchauffement
de la planète, on va pouvoir financer
la recherche pétrolière.

491
Une crème désopilatoire
n'a jamais fait tomber
le poil qu'on a dans la main.

492
Il détache tellement bien ses mots
qu'on dirait qu'il parle en relief.

493
Certains auteurs se regardent écrire
avec délectation sans se soucier
d'avoir quelque chose à dire.
Un peu comme un architecte
qui tomberait amoureux
de ses échafaudages.

494
J'ai abandonné la peinture
quand j'ai constaté que ma palette
était plus belle que mes tableaux.

495
Ce qui me sauve, quand j'ai lâchement
cédé à de coupables tentations,
c'est que j'arrive, pendant un court
instant, à avoir très mauvaise conscience.

496
Un excès de culture peut nuire
à l'appréciation spontanée
de la création artistique.
En ce qui me concerne,
le risque est limité.

497
C'est un marginal peinard.
Il a élu domicile
dans les marges de sécurité.

498
Le plus beau de tous les colliers
c'est l'homme qui le porte :
les bras d'une femme amoureuse.

499
Ce qui me gêne chez les surdoués
c'est qu'ils veulent montrer leur Q.I.
à tous les passants.

500
J'en connais un qui a un beau palmarès
de combines plus ou moins louches.
Il mériterait de figurer
dans le livre des retors.

501
L'heure idéale pour écouter un trio
c'est quatuor moins le quart.

502
La nuit porte conseil.
La journée porte ouverte.
Tout porte à boire.

503
La preuve que je l'aime ?
Quand elle est là,
les autres femmes sont de trop.
Quand elle est absente, plusieurs
ne suffisent pas à la remplacer.

504
Mon amour pour elle est tellement grand
qu'elle peut tout prendre,
il en restera encore.

505
On est toujours prisonnier des gens
qui ont besoin de vous.
La meilleure façon de s'en libérer
c'est de se rendre inutile.

506
Je ne peux vraiment pas en vouloir
au démon de midi
quand il empiète sur l'heure de la sieste.

507
Ce que je déteste chez les gens
aux terrasses des cafés,
c'est que je les soupçonne fort, me voyant,
de me prendre pour un banal passant.

508
Celui qui transmet toute son expérience
à son proche collaborateur
ne se doute pas qu'il initie
la branche sur laquelle il est assis.

509
Curieusement, le temps qu'on passe
à trouver des excuses
est inversement proportionnel à la gravité
de la bourde qu'on vient de commettre.

510
J'aimerai toujours
une compagnie nombreuse.
Je veux être enterré dans le cimetière
où sont encore allongés tous les défis
que je n'ai pas relevés.

511
C'est l'idée d'être ému
qui me procure le plus d'émotion.

512
Une oie qui fait du pédalo
se prend facilement
pour un cygne.

513
Il y a des gens qui se croient forts
parce qu'ils lancent au ciel
des ultimatums du genre :
« Ou tu arrêtes de pleuvoir,
ou j'achète un parapluie ! »

514
Je ne suis pas séducteur,
mais je suis gravement séductible.

515
Ne compte pas
sur l'essuie-glace du voisin
pour nettoyer ton pare-brise.

516
Les Irlandais sont des gens
très sympatrick.

517
Il y en a qui réalisent l'exploit d'être
à la fois dans leurs petits souliers
et à côté de leurs pompes.

518
Ce qui chagrine le plus
quand on trompe une femme,
c'est que l'on vit un instant de bonheur
qu'il est impossible de partager avec elle.

519
J'ai joué un tour au temps :
j'ai allumé un incendie
avec le journal
qui en faisait le compte-rendu.

520
Aux USA les distances
sont si grandes que,
le kilomètre étant trop petit,
elles ne peuvent être mesurées qu'en miles.

521
Étant personnellement
biodégradable à 100 %,
j'estime avoir fait mon maximum
pour la défense de l'environnement.

522
Ceux qui prétendent dire tout haut
ce que les autres pensent tout bas
feraient mieux de penser plus haut
et de parler plus bas.

523
On est parfois effaré par le nombre
de victimes d'une catastrophe.
Mais, tous comptes faits,
ça ne fait jamais qu'une mort par personne.

524
Les femmes sont parfois insensibles.
Par exemple, elles supportent mal
que le deuil qui suit
l'enterrement d'une vie de garçon
puisse se prolonger au-delà du mariage.

525
Sachant que mon corps
est constitué de 70 % d'eau,
je me demande si les 30 % restants
justifient l'acquisition d'un parapluie.

526
Même les plus jolies fleurs
se font de l'ombre entre elles.

527
Il y a peu de chance
pour qu'un funambule
soit un simulateur.

528
Quand, d'un mouvement de bas en haut,
on atteint le haut du bas,
On n'est pas loin du juste milieu.

529
Les états d'âme c'est comme
un opéra de vagues nerfs.

530
Dans un bonheur partagé
les deux moitiés
sont rarement égales.

531
La femme est à la fois
un poison et son antidote.
L'ennui c'est qu'on ne sait jamais
lequel on est en train de prendre.

532
Être fort
pour pouvoir pardonner
sans s'accuser de lâcheté.

533
Les pessimistes sont des gens
qui pensent que les clés
servent plus souvent
à fermer qu'à ouvrir.

534
Le plus fatigant en amour
c'est de devoir justifier
celui que l'on vous porte.

535
Un manchot digne de ce nom
ne supporte pas qu'une femme
vive à ses crochets.

536
Une tonne de quoi que ce soit,
c'est toujours trop.

537
Le plus court chemin d'un point
à un autre, suppose une
grande force de caractère.

538
Je ne me lasse pas de constater
l'éternelle modernité
des bonheurs simples.

539
Inutile de faire appel aux souvenirs d'un
amnésique. Autant crier
« Qui vive » dans un cimetière.

540
On peut s'inquiéter de la place toujours
croissante que prend
l'intelligence artificielle
dans notre vie quotidienne.
Mais rassurons-nous, la connerie, elle,
sera toujours authentique.

541
Si ma notoriété était telle que
le jour de ma mort soit déclaré férié,
ce qui me gênerait le plus c'est que
je serais le seul à ne pas en profiter.

542
On gagne en prestige
quand on meurt prématurément,
mais s'il est trop tard pour mourir jeune,
autant s'accrocher.

543
Peut-on en vouloir à une femme
qui vous avait fait miroiter l'enfer
et ne vous offre que le paradis ?

544
Mon jardin secret est une telle jungle
que je n'ose pas, moi-même,
m'y aventurer.

545
Les gens qui n'ont pas de complexes
sont sans doute odieux,
mais ils sont surtout ennuyeux.

546
L'infidélité d'une femme
est toujours multiple. La preuve ?
Jules prend toujours un « s ».

547
Certains croient prendre leur envol
alors qu'ils ne font que
battre de l'aile.

548
Si tu vises l'infini, ne perds pas ton temps
à regarder le chemin parcouru.

549
Il y a des soirées tellement magiques
que l'on aimerait offrir
des béquilles à la nuit
pour ne pas qu'elle tombe.

550
Il y a des villes où l'on ne trouve rien
sauf le temps long.

551
Vouloir c'est pouvoir !
La preuve ? Moi.
Je fais ce que je veux
quand je peux.

552
Il y a des gens chez qui
l'absence de soucis
provoque un stress insoutenable.

553
Né de l'union du jaune et du bleu,
le vert ne connaîtra jamais
ses grands-parents.

554
Les morts sont des gens
qui dorment aussi le jour.

555
Il y a des cicatrices qui se ferment avec un
certain mépris pour la blessure.

556
Grâce au lecteur de code-barres, on va
enfin savoir ce que coûte un zèbre.

557
En poésie, un seul vers ne rime à rien.

558
Ils sont peu vigilants les douaniers qui
surveillent la frontière entre le bon
et le mauvais goût.

559
Il faut une certaine dose d'humour
pour supporter ceux
qui en ont plus que vous.

560
En général, ceux qui ne savent
que suivre sont les premiers
à critiquer l'itinéraire choisi.

561
Virginité n'est pas synonyme de vertu :
une vigne, aussi vierge soit-elle,
est toujours prête à grimper
sur le premier mur venu.

562
Vieillir est un jeu d'enfant.

563
Être très tolérant envers soi-même
et très exigeant envers les autres
est la forme la plus méprisable
du complexe d'infériorité.

564
Il y a des galeries d'art tellement
médiocres que même une araignée
n'y accrocherait pas ses toiles.

565
Pour l'artiste, la pire des punitions
c'est de voir sa muse rire
de l'œuvre qu'elle lui a inspirée.

566
J'en ai connu un tellement timide
que même en plein soleil
il n'osait pas faire de l'ombre.

567
Il est clair que mon corps et mon âme
forment un couple pas très bien assorti.
Mais ce qui m'inquiète le plus, c'est que je
les sens capables de se quitter
sous le moindre prétexte.

568
Les faux prophètes sont des manipulateurs
dont les mensonges
se répandent comme une traînée
de poudre aux yeux.

569
On a beau se prétendre ouvert au
changement, si un jour le soleil se levait à
l'ouest on serait bien embêté.

570
Il y a des filles qui ont du culot
et pas de culotte.
Ce sont des cas de légitime attaque.

571
Je suis intelligent dix minutes par jour
environ. Malheureusement,
il n'y a jamais de témoin.

572
L'ego d'un narcissique obsessionnel
est infiniment creux.
Comme l'image que se renvoient deux
miroirs posés face à face.

573
Il y a peu de collaboration
entre les animaux.
Un froid de canard n'a jamais
calmé un chaud lapin.

574
Le vrai bonheur ne s'achète pas,
mais pour le reste une carte de crédit
est quand même bien utile.

575
Il me dit que sa solitude
lui tient compagnie.
C'est trop beau pour être faux.

576
Il y a des soirs où le soleil descend si vite
qu'on a l'impression qu'il va
rebondir sur l'horizon.

577
Malgré sa lenteur, l'escargot
est un exhibitionniste :
il se promène toujours torse nu.

578
Je dois être un peu mégalomane :
quand je suis dans une foule j'ai
toujours l'impression d'être un peu plus
nombreux que les autres.

579
La victoire est toujours un peu amère
quand on gagne en sachant qu'au fond,
on n'est pas vraiment le meilleur.

580
Brûler de rencontrer la femme idéale,
c'est de l'impatience fiction.

581
Si l'on veut qu'un couple fonctionne
sans arrière-pensées,
une certaine dose de mauvaise foi,
de part et d'autre, est indispensable.

582
Pendant un long moment j'ai envié ce type
tranquillement installé devant son café,
de l'autre côté de la rue, jusqu'au moment
où j'ai réalisé que c'était mon reflet
dans la vitrine d'en face.

583
Franchir la ligne est toujours dangereux,
surtout s'il s'agit d'une ligne de mire.

584
Dans cette vie je m'amuse beaucoup,
mais je le fais exprès.

585
Il faut accepter le doute et les erreurs
pendant les périodes dites « de transition ».
Chaque jour est une période de transition.

586
Quand je passe commande à mon cerveau
d'une idée de génie, les délais de
livraison sont incroyablement longs.

587
Une limace qui entreprend la traversée de
l'autoroute en solitaire, sera vite aussi
plate que son encéphalogramme.

588
Je suis très maître de mes émotions.
Quand j'ai peur, je transpire fort,
mais calmement.

589
Les explications d'un mari pris en flagrant
délit d'adultère, c'est une bobine
de fil à retordre dans un sac d'embrouilles.

590
Quand les discussions deviennent trop
violentes je résiste, avec succès, à la
tentation d'exprimer un avis personnel.

591
Il ne craint pas les morsures
celui qui se couche entre chien et loup.

592
Les hommes sont tellement conditionnés
par leur enfance qu'en fait, les psychiatres
ne sont que des pédiatres rétroactifs...

593
Facile de « tuer » un poète,
il suffit de « l'expliquer ».

594
Quand je rencontre
un imbécile prétentieux
je garde mon calme...
...pour plus tard.

595
Quelle fantastique sensation de
liberté doit-on ressentir quand on s'est
enfin débarrassé du besoin de plaire
et de l'obsession de séduire !

596
En recherche d'objectivité j'ai voulu
dialoguer avec moi-même.
Impossible : je n'arrête pas de
me couper la parole.

597
Je n'aime pas les gens débordés.
Je préfère les gens débordants.

598
La pluie c'est un fleuve en pointillé.

599
Quand j'essaie de noyer mon chagrin
dans l'alcool, je le vois double !

600
Il n'est pas trop tard tous les jours.

601
On a rarement une connaissance
réelle de soi-même.
C'est ce qui rend la vie supportable.

602
Ils sont habiles ceux qui arrivent à faire
passer leur manque total d'humour
pour de la rigueur intellectuelle.

603
Entrer dans l'age adulte
c'est aborder les territoires d'outre-mère.

604
Contraint d'être à la fois le fils d'hier
et le père de demain,
l'aujourd'hui est très mal à l'aise
pour gérer le présent ;
et c'est très dur pour tout le monde.

605
Il y a un point sur le « i »
du mot « point ».
Cela frise le pléonasme, non ?

606
La précipitation est ennemie
de l'élégance.

607
On peut considérer que la situation
est préoccupante
quand le pire apparaît
comme le moindre mal.

608
Je fais preuve d'une grande modestie.
Elle est fausse, bien entendu,
mais mon mérite
n'en est que plus grand.

609
Ne rions pas des naïfs qui croient peser le
pour et le contre avec la même balance,
nous en sommes...

610
Une morale qui a fait ses preuves
mérite d'être maintenue.
On ne change pas une éthique qui gagne.

611
Le soleil se lève toujours,
même si le coq chante faux.

612
Le temps passe. D'accord.
Mais il n'a pas de mérite,
il n'a que ça à faire.
Alors que nous...

613
Il y a toujours
une bonne dose de nostalgie
dans les bonheurs impartageables.

614
Certains aiment se faire attendre
pensant, par ce biais, être plus présents
que s'ils étaient là.
C'est malheureusement souvent le cas.

615
On n'a pas toujours raison
du premier coup.

616 (615 bis)
Mais si parfois je suis en contradiction
avec moi-même,
cela n'autorise pas les autres à penser
que je suis d'accord avec eux.

617
Pas facile d'être médiateur.
Surtout quand les deux parties en présence
pensent que l'on démonte
le mur de malentendus, cause du conflit,
afin de pouvoir en balancer les briques
à la figure de l'adversaire.

618
Le manque de temps est le déguisement
favori de la paresse.

619
Le triangle-rectangle est preuve
que le métissage existe aussi en géométrie.

620
Pour un homme qui a vécu
de sa prose il est assez vexant
de finir dévoré par des vers.

621
Je ne suis pas sûr
de partager tous mes goûts.

622
On a trouvé un arbre mort après le
passage d'une grave dépression.
L'enquête a conclu au suicide.

623
Tout art est contemporain.

624
Mon entourage me trouve tellement
rassurant que cela m'inquiète.

625
Essayer de vouloir est plus difficile
que vouloir essayer.

626
Le doute est aux esprits forts
ce que le risque est aux courageux.

627
J'aime mieux une pierre dans mon jardin
qu'un gravier dans ma chaussure.

628
Mieux vaut faire la sieste
que perdre son temps
à dire qu'on est fatigué.

629
Mettre un miroir au fond d'un placard
n'en a jamais doublé la contenance.

630
Il y en a qui sont généreux
pour montrer qu'ils sont riches,
d'autres pour faire croire qu'ils le sont.

631
Pour survivre dans le monde
que nous vivons,
une absence totale de rigueur s'impose.

632
Si le bonheur est une obsession
je le laisse aux autres.
Je préfère lui accorder le privilège
d'être avant tout une bonne surprise.

633
Ne nous réjouissons pas trop vite quand,
dans un couple, on arrive à trouver
deux personnes du même avis.
Ce n'est jamais que 50 % des suffrages
plus une voix...

634
D'une façon générale je désapprouve
ceux qui ne partagent rien.
Et je méprise en particulier
ceux qui ne partagent pas
mon point de vue.

635
Il y a recrudescence de cambriolages
quand le syndicat de la serrurerie
organise une journée portes ouvertes.

636
Si vous sentez que la vie vous abandonne,
c'est qu'elle s'ennuie chez vous.

637
Je connais un couple
très bien assorti.
Mais ils sont tellement grands
l'un et l'autre que je me demande
comment ils vont faire
pour avoir des petits.

638

Il y a dans toute bouteille
un tesson qui sommeille.

639

Le cannabis c'est l'herbe qui
cache l'euphorie.

640

N'ayant pas les moyens de s'offrir le célèbre violon qui portait le même nom que lui, M. Stradivarius décida de se le fabriquer lui-même et ce fut le début d'une belle carrière de luthier.

641

Quand je vois un tas de feuilles mortes je frémis à l'idée que l'une d'entre elles ait pu être enterrée vivante.

642

Ceux qui prennent leurs émotions pour des sentiments, ne sont pas loin de prendre un serment d'ivrogne pour un engagement formel.

643

Les statistiques sur la longévité
sont formelles :
dans un couple marié la place du mort
est attribuée au mari.

644

Quelqu'un arrivera-t-il à me prouver
que les occasions que je crois avoir ratées
étaient aussi belles
que ma mémoire les imagine ?

645
Il y a des moments où je cherche en vain
des ailes pour voler à mon secours.

646
Certains prétendent avoir fait le tour
d'une question en omettant toutefois
de préciser qu'ils n'ont toujours pas
trouvé la porte d'entrée.

647
Ne devrait-on pas verbaliser la réalité
quand elle dépasse la fiction
sans mettre son clignotant ?

648
Curieusement, il y a des compétitions
où la banane est plus recherchée
pour sa peau que pour son fruit.

649
Un rétroviseur ne peut pas
avoir de projets d'avenir.

650
Paradoxe : Il n'y a que les esprits tordus
pour croire à des mondes parallèles.

651
Le souci d'objectivité est-il
une maladie mentale ?

652
Une rumeur est le résultat
d'un « oui-dire » suivi d'un « non-taire ».

653
Une confession bien formulée
permet parfois d'obtenir
un péché capital
pour le prix d'un véniel.

654
L'idée de scalper un chauve
est un peu tirée par les cheveux, non ?

655
La loi des perspectives doit
probablement jouer aussi
pour le temps car, vue de loin,
ma dernière heure me semble déjà
bien plus courte que les autres.

656
Quand on doute de soi
on a toujours raison.
Mais il ne faut pas que
ça devienne une habitude.

657
Sur cette ligne les métros sont
si fréquents que lorsqu'on en prend un
on a la désagréable impression
qu'on vient de rater le précédent.

658
Inutile de se révolter
contre le temps qui passe.
Il ne passe pas, il nous transporte.

659
Dans un couple la confiance
mutuelle est une chose
merveilleuse surtout si, en plus,
elle est réciproque.

660
Certains recherchent les femmes
ayant assez d'intelligence pour admirer
celle qu'ils croient avoir.
Mais dans la majorité des cas,
ils préfèrent les trouver
suffisamment stupides pour cela.

661
Est-on vraiment obligé d'aimer
ceux qu'on admire ?

662
Retenu pour cause de décès
je ne pourrai pas être parmi les amis
qui suivront mon enterrement.
Dommage, je pourrais leur donner
tellement de raisons de ne pas pleurer.

663
La certitude d'être nul met à l'abri
des affres du doute de soi.

664
Quand, dans leur hâte de jeter
leur bouteille à la mer, certains naufragés
oublient de remettre le bouchon,
la réponse se fait souvent attendre.

665
Ce que l'on peut reprocher à la jeunesse
c'est qu'elle se laisse trop facilement
convaincre que la haine n'est qu'une
forme exaltée de l'enthousiasme.

666
Il y a des gens tellement sinistres que,
quand ils sourient, on a tendance à penser
qu'il s'agit d'une saute d'humeur.

667
Miracle de la technique !
Un rétroviseur est capable de
ressusciter un angle mort !

668
On est inquiet à Hollywood :
l'homme invisible a disparu.

669
Bill est le diminutif de William.
Alors moi je dis :
Buffalo William et Bill Shakespeare.
Vous voyez que c'est facile
de bousculer l'ordre établi,
si on se donne un peu de mal !

670
Quand le réveil sonne,
je sais qu'il est
cette heure ennemie.

671
Elle est très malheureuse,
mais ce n'est pas grave,
elle a de très bonnes raisons.

672
Mettre de l'ordre dans sa chambre c'est
comme mettre de l'eau dans son vin,
ça gâche tout le plaisir.

673
Ceux qui mettent la charia avant l'hébreu
sont probablement des antisillonnistes.

674
Cela m'agace un peu
de succomber malgré moi
à la séduction d'une femme
rayonnante d'un bonheur
qui a d'autres raisons que moi.

675
Je suis angoissé quand, par exemple
et par négligence, j'ai mis deux « p »
au mot « appostrophe » ;
je ne sais jamais lequel des deux
je dois supprimer.

676
Une absence totale d'ambition
débouche souvent sur de considérables
économies d'énergie.

677
Je pense que les gens qui ne me
doivent rien pourraient
au moins me dire merci.

678
C'est sans doute pour s'assurer
une vengeance posthume
que les poissons se laissent
pousser des arêtes.

679
L'Homme est capable de mutations étonnamment rapides. Ainsi, à peine a-t-il quitté son véhicule que l'automobiliste revêt, à s'y méprendre, toutes les apparences d'un piéton.

680
Quand il s'agit de commettre un acte blâmable, avoir des scrupules avant, et culpabiliser pendant, dispense d'avoir des remords après.

681
Quand on voit la pagaïe que provoquent les religions dans le monde, moi, si j'étais Dieu, je ne me fatiguerais pas à exister.

682
Viagra : la seule aide véritable à la réinsertion.

683
Ulcéré de voir que l'accent qui porte son nom est ignoré dans son propre pays, Sire Corn Flakes s'est suicidé.

684
Le plus beau cadeau qu'un homme puisse faire à une femme c'est lui donner confiance en elle.

685
Quand je monte les escaliers
quatre à quatre,
les trois marches que j'ignore
sont-elles soulagées ou bien vexées ?

686
Il ne faut pas jouer
avec la langue française.
Personnellement, jeu de mots-torise
aucun calembour.

687
Le comble de l'hypocrisie ?
Faire semblant d'être un simulateur.

688
J'ai un côté St François d'Assise ;
dès que je suis en forêt les animaux
se mettent en cercle autour de moi.
Essentiellement des moustiques.

689
C'est seulement sa dernière heure venue
que le melon comprend qu'il n'était en fait
qu'un assemblage de tranches.

690
Le meilleur résultat que puisse obtenir
une révolution c'est un
changement de bourgeoisie.

691
Il y a des musiques tellement
bouleversantes
qu'elles mériteraient que l'on soit
profondément malheureux
pour les écouter.

692
Quel triste destin, celui de la pluie !
Naître en plein ciel
et finir en flaque...

693
Quand on innove, la réaction de
l'entourage est comme le vent à bicyclette,
toujours contre.

694
Ce doit être très frustrant d'être le dernier
maillon de la chaîne alimentaire !

695
À ceux qui posent la grave question :
« Pourquoi y a-t-il quelque chose
plutôt que rien ? »
ma réponse est très claire :
« Et pourquoi pas ? »

696
Dans le cours d'une existence la mort
représente indiscutablement
un évènement marquant,
mais pas plus que la naissance.

697
Croire en Dieu
c'est sacraliser une hypothèse.

698
Si l'on n'est pas vigilant,
on peut laisser s'écouler un très
long temps avant de découvrir
que l'on s'ennuie.

699
Ce n'est pas la mort qui vient,
c'est la vie qui s'en va.

700
On nous a bien appris que
l'équateur faisait le tour de la terre,
mais on ne nous a jamais dit
en combien de temps.

701
Une croisière sur le *Titanic*,
c'est coule...

702
Le remonte-pente est au soutien-gorge ce
que le tire-fesses est au string.

703
La neige c'est une pluie
que le froid a rendue timide.

704
Certains croient qu'ils sont restés jeunes
parce qu'ils ont des réactions infantiles
face à des problèmes d'adultes.

705
Une peine peut être très ennuyeuse,
mais si elle est capitale
elle devient carrément mortelle.

706
Offrir un chat siamois sans son frère
est aussi radin qu'offrir un chat-cadeau
avec une seule bretelle.

707
Avec un peu d'expérience
on perçoit vite quand une provocation
n'est en fait qu'un aveu d'impuissance.

708
Le recours au second degré
est souvent l'opération de sauvetage
d'une tentative d'humour
qui s'est plantée au premier.

709
À un certain moment j'avais décidé,
pour changer, de devenir méchant.
J'ai vite arrêté, c'était trop facile.

710
Félicitons-nous
de la rigueur mathématique.
Grâce à elle plus aucun angle droit
ne dépasse les 90 degrés.

711
La nature est vraiment bien faite :
quelle que soit la saison
et quel que soit l'endroit,
le soleil se couche toujours juste
avant que la nuit tombe,
comme s'il la sentait venir !

712
Toutes les femmes sont compliquées
mais il y en a quand même
qui se débrouillent pour être plus
compliquées que les autres.

713
Sans le vent et les taxis
le verbe « s'engouffrer » serait
depuis longtemps tombé
en désuétude.

714
En philosophie ma ligne
de conduite est très claire :
tout ce que je ne comprends pas,
je suis contre.

715
Tout au long de leur vie
les philosophes s'acharnent à trouver
la clé de portes qui n'ont pas de serrure.

716
Ce qui est le plus pénible en politique
c'est l'interdiction de douter.

717
Si les oiseaux ne sont pas conscients
de la chance qu'ils ont de voler,
c'est que Dieu n'existe pas.

718
Loucher, c'est quand les deux yeux
ne sont pas à la même distance
l'un de l'autre.

719
Contre les gens qui sont
plus intelligents, plus courageux
et plus travailleurs que moi,
je n'ai trouvé qu'une parade :
les admirer.

720
L'ingratitude de certains est telle
qu'on en vient à douter de la valeur
de ce qu'on croyait avoir donné.

721
Un tube ce n'est jamais
qu'un trou qui se prolonge.

722
Les cheveux :
au lieu de maudire ceux qui tombent
félicitez ceux qui restent.

723
En hiver les temps sont durs pour tout le
monde ; mais si on dit « un froid de
canard » c'est parce que, quand il gèle,
les étangs sont durs pour tout le monde.

724
J'aimerais bien savoir ce que pense la
majorité de ceux qui n'ont pas
été interrogés lors d'un sondage d'opinion.

725
Les femmes ont définitivement gagné le
combat des sexes le jour où elles
ont pris conscience des concessions que
les hommes étaient
prêts à faire pour avoir la paix.

726
J'en connais qui bégaient uniquement
pour faire durer le peu qu'ils ont à dire.

727
De même que l'on supprime
les causes d'accidents
avant qu'ils ne se produisent,
il faut se reposer bien avant que
la fatigue ne se manifeste.
C'est ce qu'on appelle
le principe de précaution.

728
Quand on est au chevet de quelqu'un
il s'agit toujours d'un malade
ou d'un mourant.
Afin d'éviter toute contamination néfaste
j'ai donc décidé d'éliminer chez moi
tout ce qui peut être « de chevet » :
table, livre, lampe.
Ce qui prouve qu'on peut être
à la fois prévoyant et con.

729
Je suis fidèle à moi-même :
je ne me trompe jamais.

730
L'enfant qui imite un clown
est plus drôle que le clown.

731
Il y a des gourmands qui ont arrêté de
grandir dès qu'ils ont pu atteindre
la poignée du frigo.

732
On peut dire d'un trou de mémoire que
c'est un accroc dans une belle tapisserie
mais ce n'est le plus souvent
qu'une crevaison sans rustine.

733
Ça doit être psychosomatique chez moi :
quand je viens de laver ma voiture je
trouve qu'elle roule beaucoup mieux.

734
Le paysan auvergnat est très rusé :
Il roule tout le monde, même les « r ».

735
Quand je chante, mon bonheur est tel
qu'il justifie la souffrance
que je fais subir à mon entourage.

736
Il y a des gens qui arrivent à se noyer
dans un verre où
il n'y a même pas d'eau.

737
Il est vraiment stupide mais
comme, de plus, il est borné
ça limite l'étendue de sa bêtise.

738
Qu'elle semble banale l'expression
« juste prix »
entre les belles images que sont
« la bouchée de pain »
et « la peau des fesses » !

739
Arrêter un plombier pour délit de fuite
est aussi ridicule que passer à tabac
un trafiquant de cigarettes.

740
Je viens de découvrir une bibliothèque
remplie des livres que j'ai toujours rêvé de lire.
Le plus étonnant c'est que c'est la mienne !

741
Je suis tellement timide
que je n'ose même pas le montrer.

742
Combien de temps et dans quel état la
vache préhistorique a-t-elle attendu
l'apparition sur terre de l'homme
qui pourrait enfin la traire ?

743
J'ai toujours une pensée émue pour ces
désespérés qu'une mort accidentelle
prive de leur suicide.

744
Il ne suffit pas de faire semblant
pour faire illusion.

745
Ceux qui, voulant continuer à vivre,
s'étonnent de prendre de l'âge,
n'ont que ce qu'ils méritent.

746
La fécondation est, par nature,
le résultat d'une rencontre fortuite,
facultative et statistiquement improbable de
deux éléments complémentaires.
Tout individu n'est donc que l'incarnation
accidentelle d'une éventualité.

747
On peut douter des qualités marines de
celui qui, à bord d'un yacht, prend la
bouée de sauvetage
pour une roue de secours.

748
« Très belle et très chère ma nouvelle montre.
Elle est étanche jusqu'à - 200mètres,
mais pas moi.
Qui va me rembourser la différence ? »

749
Phénomène étonnant :
Versailles, Chambord et Chenonceaux
se trouvent situés sur un même cercle
dont le centre se trouve
rigoureusement à égale distance
de chacun de ces trois châteaux.

750
Grâce à la notion de « rapport qualité/prix »
un appareil totalement déficient,
s'il est bradé à vil prix,
peut obtenir un excellent classement.

751
Quand on prête le flanc à la critique,
en général, elle ne vous le rend pas.

752
Si jeune et déjà con !
Il a dû prendre des leçons.

753
En amour, aux abus rapides
je préfère les excès lents.
C'est excellent.

754
Il ne faut pas sauter à la corde
dans la maison d'un pendu.
Ça dérange les voisins.

755
Un virage, c'est une ligne droite
qui change d'avis au dernier moment.

756
Il y a risque de collision quand le skieur
est aussi givré que les sapins.

757
L'ordinateur, grâce à son clavier
et surtout à ses caprices,
peut se révéler une excellente
machine à aigrir.

758
Il me paraîtrait assez juste que
les lettres anonymes soient
dispensées de l'affranchissement.

759
La voiture à bras
a fait un énorme progrès le jour où
l'on a rajouté des roues.

760
C'est dans les moments difficiles que l'on
regrette d'avoir refusé, par dédain, de
qualifier d'heureuses ces périodes de la vie
qu'une absence totale de problèmes
faisait passer pour banales.

761
On est beaucoup plus détendu quand on
ne se fixe un but qu'après l'avoir atteint.

762
Ce qu'il faut craindre ce n'est pas la mort
mais l'envie de mourir.

763
Quand, sous la menace, je retire
ce que je viens de dire,
je ne sais jamais où le mettre.

764
Ce n'est pas grave que le temps passe.
Ce qui est grave c'est quand il passe
inaperçu.

765
Parfois je suis tellement sincère
que je finis par croire ce que je dis.

766
Une illusion de cohérence
suffit parfois à guérir les
sévères entorses faites à la logique.

767
Penser que l'alcool protège
des dures réalités de la vie
c'est comme si le fer
se croyait protégé par la rouille.

768
Très tôt j'avais décidé de faire don
de mon corps à la Femme et j'ai trouvé
qu'elle avait beaucoup tardé
à me témoigner sa reconnaissance.

769
Les suicidaires sont des gens pour qui
mourir est un besoin vital.

770
La seule promesse
qu'il me soit impossible de faire
c'est de tenir celles que j'ai déjà faites.

771
On peut être très heureux en couple
et pas forcément pour
les mêmes raisons.

772
J'ai plusieurs cordes
à mon arc-en-ciel.
Malheureusement ce sont
des cordes sans cible.

773
Tellement surprise qu'on la qualifie
de « précipitation », la pluie
en est tombée des nues.

774
Ce que le progrès
nous apporte de plus immédiat,
c'est un changement de frustrations.

775
Sur les cadeaux que l'on reçoit
ceux que l'on offre ont un avantage :
eux, au moins, on peut les choisir...

776
L'amour ça ne se fait pas,
ça se donne.

777
La vie est une succession de
rendez-vous que l'on donne à soi-même.
Avec tous les lapins que
je me suis posés on aurait pu assurer
le développement du râble.

778
La société se compose
de deux parties distinctes :
ceux qui boivent un coup et
ceux qui boivent une coupe.

779
Le rendement en bonheur de l'argent
est inversement proportionnel
à la quantité que l'on possède.

780
Chaque individu est unique et,
là-dessus, j'ai la prétention
d'être comme tout le monde.

781
Il est très mal élevé
de manger la bouche pleine.

782
Deux individus cohabitent en moi :
celui que je voulais être
et celui que je suis devenu.
Ils sont très différents ;
par chance ils ont beaucoup
d'estime l'un pour l'autre.

783
Dans un accident ferroviaire frontal
il est toujours difficile de dire
lequel des deux trains
est rentré le premier dans l'autre.

784
En ce qui concerne l'argent,
et bien que j'en aie relativement peu,
je n'ai qu'une crainte : mourir avant
d'avoir eu le temps de tout dépenser.

785
Quand, par mégarde,
le printemps arrive trop tôt
les bourgeons éclatent... de rire.

786
Quand on me dit que
je ne fais pas mon âge cela veut dire
que je suis plus vieux que j'en ai l'air.
Finalement, je me demande
si c'est une bonne nouvelle.

787
La compagnie de gens
qui se croient cultivés peut être
source d'un ennui de grande qualité.

788
L'œil ne connaît jamais de repos.
Même pendant le sommeil
il doit continuer de regarder
l'intérieur de la paupière.

789
Le droit à l'image c'est bien.
Mais faut-il traîner en justice
un lac qui reflète l'image du ciel
sans autorisation préalable ?

790
Le chagrin simulé des femmes
ce sont des larmes de
séduction passive.

791
Mon corps étant la partie mortelle
de ce que je suis, je m'occupe donc
de lui en priorité jusqu'à sa mort.
Pour l'âme je verrai plus tard.

792
Il y a beaucoup de laisser-aller
sur notre planète.
La dérive des continents en est la preuve.

793
Quelle découverte fabuleuse
ce doit être que de rencontrer
une femme normale.

794
Quand je parle de moi je suis
tellement sincère que vous n'êtes
même pas obligés de me croire.

795
J'imagine assez bien une comédie
musicale et policière :
« Le Comte d'Agatha Christo »
Paroles et musique de
Jean-Sébastien Balzach.

796
On peut douter de l'efficacité
d'un épouvantail quand il sert
de perchoir aux oiseaux.

797
Quand j'étais jeune j'étais très excité
par les décolletés beaux et profonds.
Et maintenant... c'est toujours pareil !

798
Est-ce un bon présage ?
Dès les premiers instants, la vie
commence par la faim...

799
En médecine ferroviaire le butoir
est considéré comme
une extinction de voie.

800
Peindre en noir
la canne blanche d'un aveugle
ne lui rend pas la vue.

801
Qu'il est intense
le plaisir d'en donner !

802
Pas d'inquiétude pour les mariages.
Ils sont toujours consommés
avant la date de péremption !

803
Préparer des nouilles à la crème
c'est faire pâtes de velours.

804
J'ai tendance
à me remettre au lendemain
quand je ne trouve pas
de place ailleurs.

805
Il y a des moments où
le temps s'écoule par saccades
comme s'il sortait
d'un robinet mal fermé.

806
Je me demande combien de temps
je vais pouvoir retenir mon souffle
avant de rendre le dernier soupir.

807
Quand il se prend les pieds
dans une affaire louche
le politicien chute dans les sondages.

808
Quand je pense que demain on va peut-
être me demander « qu'as-tu fait hier ? »,
je prends aujourd'hui
beaucoup plus au sérieux.

809
Aimer, c'est grandir.

810
Les femmes ayant eu recours à la
fécondation in vitro ont souvent
des naissances multiples.
Ce sont des polymères de synthèse.

811
La pire des tortures c'est
quand une femme,
dont vous êtes très amoureux,
croit vous flatter en vous confiant
sa passion pour un autre que vous.

812
Quand le kangourou lui fait faux bond
le boomerang n'en revient pas.

813
Il est absurde, arrivant à Pékin,
de demander où se trouve
le quartier chinois.

814
Pour séduire, les hommes
se montrent sous leur meilleur jour,
les femmes sous leur meilleure nuit.

815
La gratitude est un sentiment
chrono-dégradable.

816
Les gens qui mettent
le feu aux poudres sont souvent
assez stupides pour
s'étonner de l'explosion.

817
Il paraît que mon passé
parle pour moi.
J'espère qu'il ne dit pas tout.

818
On peut tout donner à une femme
Sauf son âge.

819
Elle s'est offerte à moi corps et âme.
C'était trop pour un seul homme,
j'ai choisi le corps.

820
Rêver est encore plus jubilatoire
quand on sait que le rêve
est irréalisable.

821
Comment éviter ce moment fatal
où un ego ambitieux, source de créativité,
risque de basculer dans un narcissisme
stérile et réducteur ?

822
J'avais décidé de me regarder en face.
Quand je me suis vu j'ai cru
que le miroir était déformant.
C'était moi qui étais déformé.

823
C'est curieux comme une satisfaction
minime (voire puérile)
peut soulager l'esprit d'une
préoccupation réelle (voire grave).

824
Les tentatives de bien-être
seraient plus souvent couronnées
de succès sans ces conflits futiles
dont on a besoin
pour avoir l'illusion d'exister.

825

Il y a des gens qui se croient providentiels
et vous indiquent des issues de secours
dont les poignées
vous restent dans la main.

826

Parfois je me mets au travail
avec un tel plaisir
que j'en viens à douter de ma paresse.

827

On se rend malheureux en exigeant,
pour tout, une explication,
alors qu'il suffit de se dire qu'il y en a
probablement une.

828

Le besoin d'admirer nous fait souvent
mettre sur un piédestal des personnes qui
n'ont rien demandé et à qui l'on reproche
ensuite de ne pas être à la hauteur.

829

J'ai fait un cauchemar : j'ai rêvé
que je n'arrivais pas à m'endormir.
Ça m'a réveillé...

830

L'art conceptuel devrait le rester.

831

Quand elles n'ont rien d'autre à faire
les femmes se contentent
de ressembler à leur mère.

832

Il ne faut pas oublier les beaux et
bons moments que la vie nous a offerts.
Pas par nostalgie du passé
mais par simple gratitude.

833
Chez l'enfant la chose la plus
passionnante
c'est le « making of ».

834
Pas besoin d'être artilleur pour savoir
que les filles canon deviennent
rapidement des boulets.

835
Là où l'humour est partagé
l'amitié n'est pas loin.

836
La roue de secours brûle-t-elle
d'impatience dans l'attente d'une
crevaison comme un remplaçant
sur le banc de touche ?

837
Parfois on perd des années à se construire
une image que l'on croit flatteuse et on a
la surprise de constater que l'entourage
préfère de beaucoup ce qui apparaît
quand, par négligence,
on laisse tomber le masque.

838
Si vous avez la chance de,
sans cesse, vous renouveler,
surtout ne changez rien !

839
Un orgueil démesuré est souvent
le fruit de complexes obscurs
qui se fertilisent entre eux.

840
« Pourquoi moi ? » doit se dire
en tombant la première feuille
qu'un arbre lâche à l'automne.

841
Délicieux moment, celui
où les femmes tentent d'abuser
de leur faiblesse.

842
Auprès de la naissance de l'Univers
la mienne est totalement insignifiante.
Mais je ne suis quand même pas
mécontent de mon Little Bang.

843
Si ma femme me quittait
je lui interdirais de me manquer.

844
Il y a des pays où
l'artisanat local a tout intérêt
à le rester.

845
Ai-je vraiment tort si j'affirme
qu'intervertir le mardi et le mercredi
ferait paraître la semaine plus courte ?

846
On croit avoir tout découvert
mais, en fait, personne ne sait
d'où viennent les idées reçues
ni où sont expédiées les affaires courantes.

847
Décalage étonnant entre les cultures :
à Lyon on élève des vers à soie,
à Marseille on élève des verres à soif...

848
Ne pouvant m'offrir des vases Ming,
je me contente de sandales Tong...

849
Juste un conseil pour faire la vie belle :
Faites en sorte que vos plus beaux
souvenirs soient les plus récents.

850
Il y a des soi-disant orateurs qui épuisent
l'auditoire avant leur temps de parole.

851
On dit des mal-comprenants
qu'ils sont « al iénés » comme on dit des
légumes mal cuits qu'ils sont « al dente ».

852
Ambiguïté du langage :
« Si tu pars, je te suis »
(reconnaissant).

853
L'humour est au mal de vivre ce que la
rampe est à l'escalier.

854
Si la tortue de La Fontaine
a gagné la course c'est sans doute
qu'elle avait un bec de lièvre.

855
Il est maladroit en tout :
il touche les femmes comme le tiercé :
dans le désordre.

856
Quand je m'endors en sursaut
je me réveille à poings fermés.

857
Il paraît que les hôtesses de l'air
voyagent avec un baise-en-vol.

858
Les culs-de-jatte sont toujours indécis,
ils ne savent pas sur quel pied danser.

859
Le temps a beau faire il n'arrive pas
toujours à faire beau.

860
Pêcher avec une ligne sans hameçon met à
l'abri de longs conflits avec le poisson.

861
La solitude devient supportable si l'on
songe à renouveler la liste de ses manques.

862
L'art conceptuel a raison :
tout est dans le regard.
Ainsi, une feuille de papier blanc peut être
vue comme la retranscription en braille
d'un spectacle de Marcel Marceau.

863
Je suis bien élevé, j'ai laissé ma place à une
dame âgée ; malheureusement, ce n'était
pas une place assise.

864
L'alcool est une teinture qui permet de
noircir les nuits blanches.

865
Sa beauté est tellement originale que,
quand elle fait du stop, non seulement
les voitures s'arrêtent mais en plus
elles font demi-tour.

866
En politique il n'est pas nécessaire de répondre aux questions, il suffit d'en critiquer la formulation.

867
C'est un peu stupide de photographier un arc-en-ciel en noir et blanc.

868
Je rêvais d'être un génie méconnu.
Je n'ai atteint que la deuxième partie du projet.

869
Vous avez lu le *Soulier de satin* ?
Savate soie !

870
La preuve qu'on n'est pas sexiste :
Il y a des garde-fous
mais pas de garde-folles !

871
Il est généralement trop tard pour féliciter de sa persévérance celui dont la septième tentative de suicide est enfin couronnée de succès.

872
Les prostituées sont des Macadam Bovary.

873
Offrir des moufles à un non-voyant c'est le priver de lecture.

874
La première goutte d'une pluie doit sûrement se sentir une âme de pionnière.

875
Les femmes pour qui c'est
toujours « jamais le moment »
ne doivent pas s'étonner que leur mari
ne soit jamais « toujours là ».

876
La vraie liberté,
c'est quand personne ne vous attend.
La vraie solitude,
c'est quand vous attendez n'importe qui.

877
Grâce à la notion de « Péché Originel »,
on a remplacé l'Homme avec un grand H
par l'homme avec une grande tache.

878
Je joue au tennis comme un dieu,
mais un dieu qui serait débutant.

879
Il paraît qu'on peut vivre d'amour et
d'eau fraîche, mais on ne nous a jamais dit
dans quelles proportions.

880
Quand on multiplie 142 857 par quatre
on retrouve exactement les mêmes chiffres,
juste dans un ordre différent.
Alors, c'était pas la peine...

881
Il est très paresseux, il ne fait rien,
même pas son âge.

882
On prend des risques si on pose
une échelle de Richter
contre un mur lézardé.

883
Peut-on prendre au sérieux les écolos qui cherchent des ramasse-mouettes quand la marée est en noir ?

884
Faire des projets c'est
prendre l'avenir en otage.

885
Si on ne veut pas être rattrapé par son destin il faut avoir plus de souffle que lui.

886
Au printemps les avenues sentent,
les rues adja sentent aussi.

887
J'aurais tant aimé qu'un oiseau
me prenne en amitié.

888
L'humour c'est ce qui évite
à la lucidité
de sombrer dans l'amertume.

Index thématique des aphorismes

4 - Le plaisir, le bonheur, l'optimisme, le rêve

40, 44, 51, 66, 77, 77, 80, 103, 114, 124, 134, 140, 146, 160, 160, 167, 183, 188, 191, 195, 196, 197, 198, 218, 222, 240, 264, 283, 314, 320, 322, 349, 352, 352, 356, 365, 367, 413, 425, 473, 475, 486, 502, 506, 538, 557, 565, 574, 584, 593, 597, 599, 613, 620, 623, 691.

5-La Philosophie

14, 19, 23, 33,48, 51, 52, 59, 64, 65, 71, 78, 79, 88, 116, 118, 124, 127, 130, 132, 142, 148, 156, 169, 177, 178, 180, 181, 192, 193, 199, 208, 211, 215, 219, 232, 241, 265, 274, 280, 309, 316, 318, 322, 333, 339, 344, 407, 419, 424, 430, 441, 444, 451, 465, 469, 471, 474, 479, 481, 483, 513, 515, 532, 536, 548, 550, 583, 585, 600, 601, 606, 607, 615, 625, 626, 627, 631, 632, 638, 646, 647, 649, 676, 680, 690, 695, 714, 715, 730, 744, 751, 760, 761, 766, 767, 774, 775, 789, 800, 820, 827, 828, 830, 832, 853, 884, 885, 888.

6 - La nature, les sciences

14, 28, 31, 35, 92, 97, 104, 143, 145, 158, 184, 189, 190, 203, 207, 208, 210, 213, 223, 227, 230, 233, 242, 243, 258, 264, 279, 281, 286, 289, 300, 302, 316, 325, 329, 334, 335, 337, 356, 359, 360, 378, 382, 393, 396, 397, 404, 407, 412, 443, 444, 445, 454, 470, 485, 487, 490, 491, 512, 519, 520, 521, 526, 536, 537, 538, 549, 553, 556, 561, 569, 573, 576, 577, 587, 598, 611, 619, 622, 629, 639, 640, 641, 650, 655, 657, 667, 678, 685, 689, 692, 693, 694, 700, 703, 707, 711, 713, 718, 721, 723, 732, 734, 738, 742, 746, 749, 750, 755, 756, 757, 759, 773, 783, 785, 788, 792, 799, 836, 840, 844, 846, 849, 851, 854, 859, 860, 861, 862, 867, 874, 880, 881, 882, 883, 886.

7 - Jeux de mots, calembours, gags et absurdités

6, 12, 18, 21, 22, 25, 29, 41, 42, 45, 53, 62, 70, 92, 95, 98, 101, 114, 133, 136, 137, 143, 146, 185, 201, 202, 204, 206, 207, 218, 225, 226, 229, 235, 237, 239, 242, 243, 244, 245, 253, 275, 284, 286, 334, 366, 366, 375, 380, 384, 385, 386, 387, 390, 395, 399, 411, 436, 438, 491, 492, 500, 501, 508, 529, 535, 564, 578, 591, 605, 635, 637, 654, 672, 682, 683, 686, 701, 702, 706, 739, 754, 777, 803, 812, 813, 869, 872, 873.

Achevé d'imprimer en octobre 2012 par EMD S.A.S. – 53110 Lassay-les-Châteaux
N° d'impression : 27358 – Dépôt légal : octobre 2012

Imprimé en France